BEI GRIN MACHT SICH IHR WISSEN BEZAHLT

- Wir veröffentlichen Ihre Hausarbeit, Bachelor- und Masterarbeit

- Ihr eigenes eBook und Buch - weltweit in allen wichtigen Shops

- Verdienen Sie an jedem Verkauf

Jetzt bei www.GRIN.com hochladen und kostenlos publizieren

Bibliografische Information der Deutschen Nationalbibliothek:

Die Deutsche Bibliothek verzeichnet diese Publikation in der Deutschen Nationalbibliografie; detaillierte bibliografische Daten sind im Internet über http://dnb.d-nb.de/ abrufbar.

Dieses Werk sowie alle darin enthaltenen einzelnen Beiträge und Abbildungen sind urheberrechtlich geschützt. Jede Verwertung, die nicht ausdrücklich vom Urheberrechtsschutz zugelassen ist, bedarf der vorherigen Zustimmung des Verlages. Das gilt insbesondere für Vervielfältigungen, Bearbeitungen, Übersetzungen, Mikroverfilmungen, Auswertungen durch Datenbanken und für die Einspeicherung und Verarbeitung in elektronische Systeme. Alle Rechte, auch die des auszugsweisen Nachdrucks, der fotomechanischen Wiedergabe (einschließlich Mikrokopie) sowie der Auswertung durch Datenbanken oder ähnliche Einrichtungen, vorbehalten.

Impressum:

Copyright © 2014 GRIN Verlag
Druck und Bindung: Books on Demand GmbH, Norderstedt Germany
ISBN: 9783668649934

Dieses Buch bei GRIN:

https://www.grin.com/document/413999

Alessa Jaumann

Trainingsplanerstellung und Krafttestung

GRIN Verlag

GRIN - Your knowledge has value

Der GRIN Verlag publiziert seit 1998 wissenschaftliche Arbeiten von Studenten, Hochschullehrern und anderen Akademikern als eBook und gedrucktes Buch. Die Verlagswebsite www.grin.com ist die ideale Plattform zur Veröffentlichung von Hausarbeiten, Abschlussarbeiten, wissenschaftlichen Aufsätzen, Dissertationen und Fachbüchern.

Besuchen Sie uns im Internet:

http://www.grin.com/

http://www.facebook.com/grincom

http://www.twitter.com/grin_com

Deutsche Hochschule für
Prävention und Gesundheitsmanagement
Hermann Neuberger Sportschule 3
66123 Saarbrücken

Einsendeaufgabe

Fachmodul: Trainingslehre 1

Studiengang: Bacherlor of Arts Fitnesstraining

Name, Vorname: Jaumann, Alessa

Studienort: **Frankfurt-Kelsterbach**

Semester: **2**

Aufgabe 1)

a) Allgemeine und biometrische Daten

Die Diagnose stellt die erste Stufe der Trainingssteuerung dar. Mit einem Eingangsgespräch und speziellen Messverfahren werden wichtige Daten der zu trainierenden Person gesammelt. Dies ist notwendig, um die aktuelle Leistungsfähigkeit und den Gesundheitszustand des Kunden beurteilen und die Vorrausetzung für weitere Trainingsmaßnahmen legen zu können (vgl. Reiß/Fikenzer, 2013, S.38).

Tab.1: allgemeine Datensammlung der Person A (eigene Darstellung)

Parameter	Daten der Person A	Ergänzung + Bewertung
Alter	27	
Geschlecht	Weiblich	
Körpergröße in cm	171	
Gewicht in kg	72,5	
Trainingsmotive	Muskelaufbau, bessere Fitness, Fettreduktion, Körperformung(Bauch),Gewebsstraffung, Schmerzlinderung (Knie+Rücken), Ausdauer	Schwerpunkt wird auf Muskelaufbau, Schmerzlinderung und Ausdauer gelegt, um Ausübung der beruflichen Tätigkeiten zu verbessern
Berufliche Tätigkeit	Studentin im Fitness/Gesundheitsbereich	Berufliche Nebentätigkeit als Aushilfe im Service -> hauptsächlich stehen und gehend im Alltag
Aktuelle sportliche Aktivität	Fitnesstraining →hauptsächlich Kraftausdauer	seit 14 Monaten, 1-2 mal pro Woche (Leistungsstufe Fortgeschritten)
	Ausdauertraining	seit 2 Monaten, 1 Std. Joggen (Leistungsstufe Beginner)
Frühere sportliche Aktivität	Volleyball	im Verein, 2 mal Training pro Woche + evtl. Spiele am Wochenende
	Rhönrad	als Freizeitaktivität 1 mal pro Woche
Zeitlicher Verfügungsrahmen	2-3 mal die Woche	2-3 Stunden
Einnahme von Medikamenten	Pille, Cetrizin gegen Allergie	
Orthopädische Einschränkungen	Beschwerden im Lendenwirbelsäulenbereich	Laut Arzt voll belastbar, gut trainierbar, Aufbau + Stärkung der

	Patellainstabilität rechts	Rückenmuskulatur bei Belastung muss Kniebandage getragen werden, Extension + Flexion des Kniegelenks ohne Probleme
Internistische Probleme	keine	
Weitere gesundheitlichen Probleme	Keine	
Ärztliche Behandlung	keine	

Tab.2: weitere biometrische Daten der Person A (eigene Darstellung)

Parameter	Daten	Normbereich	Bewertung der Daten
Blutdruck	115/65 mmHg	Normotonie: Optimal:<120/<80mmHg Normal: <130/<85mmHg Hochnormal: 130-139/85-89mmHg Hypertonie: Stufe 1: 140-159/90-99mmHg Stufe 2: 160-179/100-109mmHg Stufe 3: >180/>110mmHg	optimal
Ruhepuls	72	60-80 Schläge pro Minute	normal
BMI	24,8	Alter 19-24	Normalgewicht

Aus der erhobenen Datensammlung von Person A ergibt sich folgender Aufschluss:

Sie ist 27 Jahre alt und wiegt bei einer Körpergröße von 171cm 72,5 kg. Aus dem Gewicht geteilt durch ihre Körpergröße im Quadrat ergibt sich ein BMI-Wert von 24,8. Dieser ist ihrem Alter entsprechend angesiedelt im Bereich der Normalgewichts (vgl. Studienbrief „Ernährung 1", Luppa,2013,S.226)

Beruflich ist Person A derzeit Stundentin, zudem geht sie nebenbei einem Aushilfsjob im Bereich des Service nach. Ihren beruflichen Alltag verbringt sie überwiegend stehen und gehend. Hieraus resultieren die von Person A genannten Trainingsmotive. Person A leidet an immer weiderkehrenden Schmerzen im Lendenwirbelsäulenbereich, die laut ärztlicher Meinung aus einem Kraftdefizit im unteren Rücken resultieren. Desweiteren wurde orthopädisch eine Patellainstabilität am rechten Knie festgestellt. Laut Orthopäde ist das rechte Knie bei Tragen einer Kniebandage jedoch voll belastbar. Um dem Kraftdefizit im Lendenwirbelbereich entgegen zu wirken wird der Aufbau bzw. die Stärkung der Rückenstreckmuskulatur empfohlen. Muskelaufbau, Schmerzlinderung und Ausdauer sollen im Allgemeinen und im Berufsleben verbessert werden, da Person A häufig mit hohen körperlichen Belastungen zu tun hat (Langes Stehen, Tragen von Kisten im Nebenjob).

Aus der Datensammlung kann weiterhin ein Blutdruckwert von 115/65 mmHg entnommen werden. Person A befindet sich mit diesem Wert im optimalen Bereich der Normotonie. Dieser Bereich umfasst einen systolischen Wert von <120mmHg und einen diastolischen Wert von <80mmHg (vgl. Studienbrief „Medizinische Grundlagen", Israel&Fikenzer,2013,S.263). Auch ein Ruhepuls von 72 Schlägen pro Minute wird als normal bewertet (vgl. Studienbrief „Medizinische Grundlagen", Israel&Fikenzer,2013,S.151)

Ansonsten weist Person A keine weiteren gesundheitlichen Probleme oder Einschränkungen auf.

b)Krafttestung

Im folgenden findet eine Krafttestung statt, um die individuelle Leistungsfähigkeit der Person A festzulegen und somit eine weitere sinnvolle Trainingsplanung zu gewährleisten. Als Krafttestmethode für Person A wurde ein individueller Leistungsbild-Test, auf der Basis eines Mehrwiederholungskrafttest (X-RM-Test)(vgl.Reiß&Fikenzer,2013,S.120) gewählt, da Person A bereits Erfahrungen im Bereich Krafttraining gesammelt hat. Ziel dessen ist es, das individuelle maximale Gewicht für die Wiederholungszahl festzulegen, mit welcher zu späterem Zeitpunkt auch trainiert werden soll. Auch die Übungen, die im späteren Trainingsplan enthalten sind und trainiert werden sollen, werden ausgewählt. Die Wiederholungszahl sollte beim Eingangstest der Wiederholungszahl des ersten Mesozyklus entsprechen. Entsprechend dem Trainingsziel der Person A wird dies ein extensives Kraftausdauertraining mit einer Wiederholungszahl von 20 sein.

Dem Test vorrausgehend sollte zuerst ein allgemeines Aufwärmen, bei Person A in Form von 15 Minuten auf dem Laufband stattfinden. Die Belastungsintensität sollte so gewählt werden, dass die Herzfrequenz von ca. 160 Schlägen/Minute abzüglich Lebensalter (vgl. Studienbrief „Trainingslehre 1", Reiß&Fikenzer,2013,S.49), bei Person A somit 133 Schläge/Minute, nicht überschritten wird. Danach folgen 2, maximal 3 Testsätze mit der Übung, die auch getestet wird. Daraufhin folgt der eigentliche Testsatz in dem es herauszufinden gilt, wie viel Gewicht die Person A maximal drücken kann, wenn sie 20 Wiederholungen erreichen will. Folgende Übungen wurden für die Krafttestung, entsprechend der gesundheitlichen Vorrausetzungen und Trainingszielen der Person A, ausgewählt.

Beinpresse, 45° Rückenstreckbank, Beckenheben im Stütz, Kurzhantelbankdrücken, Reverse Butterfly, Armbeugen am Kabelzug und Rumpfbeugen an der Bauchmaschine.

Tab.3 enthält das maximal bewegte Gewicht bei einer Wiederholungszahl von 20.

Tab.3: Ergebnissdokumentation ILB-Test

Übung	Wiederholungszahl	Bewegtes Gewicht
Beinpresse	20	35 kg
45° Rückenstreckbank	20	Ohne Gewicht
Beckenheben im Stütz	20	Ohne Gewicht
Kurzhantelbankdrücken	20	10 kg
Reverse Butterfly	20	20 kg
Armbeugen am Kabelzug	20	25kg
Rumpfbeugen an der Bauchmaschine	20	30kg

Die ILB-Methode lässt aufgrund der Individualität jedes Einzelnen Menschen keine genauen bzw. nützlichen Vergleiche zu. Es ist zwar möglich zwei Personen mit ähnlichen Vorrausetzungen zu vergleichen und deren Leistungssteigerung zu begutachten, jedoch lässt dies nicht auf die Trainingseffektivität schließen. Die Intensitätsbestimmung erfolgt bei der ILB-Methode nicht durch ein Maximalkrafttest, sondern mit sukzessiver Annäherung an das Trainingsgewicht, welche das Risiko einer Überbelastung oder Verletzung senkt. Ein großer Vorteil der ILB-Methode ist es, dass für jeden ein individuelles Leistungsbild in Abhängigkeit der Wiederholungen erstellt werden kann. Die optimale Trainingsreizsetzung ist somit garantiert. Eine Abwechslung der Trainingsmethoden in den Mesozyklen beugt einer Trainingsmonotonie vor.

Als Referenzwerte dienen die von Person A maximal bewegten Gewichte während der einzelnen Übungen. Ausgehend von diesen werden die Trainingsintensitäten berechnet. Wichtig hierfür ist bei der ILB-Methode das Trainingsalter. Um die entsprechende Intensität zu bestimmen gibt es ein ILB-Grobraster

Tab.4: Grobraster zur Trainingsplanung nach der ILB-Methode (vgl. Eifler, 2000; Strack &Eifler, 2005)

Leistungsstufe	Zeitstufe (Monate)	Orga.-form	Einheiten/ Woche	Übungen/ Muskel	Sätze/ Übung	Intensität in % ILB
Orientierungsstufe	0-1,5	GK	2	1-2	1-2	gering
Beginner	1,5-6	GK	2	1-2	1-2	50-70
Geübter	6-12	GK	2-3	1-2	2	60-80
Fortgeschrittener	>12	GK/Split	3-4	1-3	2-3	70-90
Leistungstrainierender	>36	GK/Split	3-6	1-4	3-4	80-100

Person A wird aufgrund des vorgegebenen Grobrasters als „Fortgeschrittener" eingestuft. Nach Absprache mit Person A wurde sich darauf geeinigt den zeitlichen Verfügungsrahmens von 2-3 mal die Woche einzuhalten. Somit wird die Organisationsform 2-3 mal die Woche ein Ganzkörpertraining sein, da es Person A nicht möglich ist 4 mal die Woche zum Training zu erscheinen, was ein Splittraining ausschließt. Für Person A wird den Ergebnissen zufolge zuerst ein Kraftausdauerzyklus, als Basis für die später folgenden höheren Intensitäten gewählt (vgl. Studienbrief „Trainingslehre 1", Reiß&Fikenzer,2013, S.156f).

Aufgabe 2)

Tab.5: Zielsetzung der Person A

Zielbereich	Inhalt	Ausmaß	Zeit
Rückenmuskulatur stärken/aufbauen	Schmerzen im Bereich der Lendenwirbelsäule lindern	Weniger Schmerzen, von Schmerzintensität 7 auf 4	In ca. 6 Monaten
Körperförmung (vorallem am Bauch), Reduktion von Körperfett	Stärkung der Bauchmuskulatur auf Wunsch der Person A	Messbar durch 2kg weniger Körperfettanteil	In ca. 6 Monaten
Fitter im Alltag, Grundlagenausdauer	Verbesserung der Ausdauer,	Reduktion des Ruhepuls von 72 auf 68 Schläge/Minute	In ca. 6 Monaten

Aus der Datensammlung ist ersichtlich, dass Person A Beschwerden im Lendenwirbelsäulenbereich hat. Dies gilt es mit einer Stärkung bzw. dem Aufbau der Rückenstreckmuskulatur entgegen zu wirken. In ca. 6 Monaten soll mit Hilfe des Krafttrainings eine Schmerzlinderung von Intensitätsstufe 7 auf 4 gemindert werden (subjektive Einschätzung der Person A). Die Körperformung, vorallem am Bauch, war ein Traningsziel bzw. ein Wunsch der Person A. Messbar ist dies an einer Körperfettreduktion. Realistisch ist eine Körperfettreduktion zwischen 250 und 500g pro Woche. Eine Körperfettreduktion von 2kg in 6 Monaten bei Person A ist demnach als realistisch einzuschätzen, da sie mit einem BMI-Wert von 24,8 sowieso schon im Bereich des Normalgewichts liegt. Um auch deren Wunsch zu beachten soll im Krafttraining auch vermehrt auf den Aufbau der Bauchmuskulatur geachtet werden. Schon bekannt ist, dass Person A Studentin im Fitness/Gesundheitsbereich ist und nebenbei einer Aushilfstätigkeit im Servicebereich nachgeht, aufgrund dessen liegt ein weiteres Ziel auf der Verbesserung der Grundlagenausdauer im Alltag. Diese soll durch eine Reduktion des Ruhepuls von 72 Schläge/Minute auf 68 Schläge/Minute messbar gemacht werden. Mit einer Senkung von ½ Schlag/Minuten pro Woche sind 4 Schläge/Minute in 6 Monaten im realistischen Bereich anzusiedeln.

Aufgabe 3)

Tab.6 : Makrozyklus Planung Person A

	Mesozyklus 1	Mesozyklus 2	Mesozyklus 3	Mesozyklus 4
Zyklusdauer	4 Wochen	8 Wochen	8 Wochen	4 Wochen
Trainingsmethodik	Kraftausdauer extensiv	Hypertrophie extensiv	Hypertrophie intensiv	Maximalkrafttraining extensiv
Häufigkeit/Woche	2	2	3	2
Organisationsform	Ganzkörper	Ganzkörper	Ganzkörper	Ganzkörper
Übungen pro Muskel	1 – 2	1 – 2	1 – 2	1 – 2
Sätze pro Übung	2 – 3	3	3	2
Satzpausen		60sec		90sec
Intensitäten	17-18 Borg-Skala	17-18 Borg-Skala	17-18 Borg-Skala	17-18 Borg-Skala
Wiederholungszahlen	20	12	8	6
Bewegungstempo	1/0/1	1/0/1	1/0/1	3/0/X

Borg-Skala 17-18 entspricht „sehr anstrengend"

1/0/1 entspricht „zügiges Tempo"

X = explosive Ausführung bei der konzentrischen Bewegung

Tab.6 stellt eine Makrozyklusplanung für Person A dar. Es wurde die ILB-Methode als Trainingsmethode gewählt.

In der Makrozyklusplanung Wert auf eine Kombination aus Kraftausdauertraining, Muskelaufbautraining (Hypertrophietraining) und Maximalkrafttraining gelegt. Angefangen wird mit einem umfangsorientierten Krafttraining in Form eines Kraftausdauertrainings. Ziel dessen ist die Verbesserung der Kraftausdauerleistung, durch Verbesserung des anaerob-laktaziden Muskelstoffwechsel (vgl.

Studienbrief „Trainingslehre 1", Reiß&Fikenzer,2013, S.171). Nach dem umfangsorientierten Krafttraining folgt ein intensitätsorientiertes Krafttraining, welches zu einer Zunahme der Muskelmasse sowie einer Kraftsteigerung führt. Durch Auswahl dieser Periodisierung werden die Trainingsziele der Person A grundlegend gedeckt.

Person A hat angegeben 2-3 mal die Woche für ca. 2-3 Stunden zum Training zu kommen, somit passt eine wöchentliche Einteilung von 2-3 Einheiten zeitlich in den Verfügungsrahmen. Als Organisationsform wird ein Ganzkörpertraining verwendet mit 1-2 Übungen pro Muskelgruppe, da ein Schwerpunkt auf dem Aufbau der Rückenstreckmuskulatur und Stärkung der Bauchmuskulatur liegt. Als Periodiesierungsmodell wurde bei Person A eine Blockperiodisierung gewählt. Bedingt durch das höhere Leistungsniveau der Person A (seit 14 Monaten Krafttraining), liegt der Schwerpunkt auf dem Muskelaufbau bzw. Hypertrophietraining. Der 4 und letzte Mesozyklus dient der Verbesserung der Maximalkraft.

Aufgabe 4)

Tab.7: Darstellung Mesozyklus 1

Übung	Zyklusdauer	Ziel	Einheiten/Woche	Organisationsform	Übungen/Muskelgruppe	Sätze/Übung	Satzpausen	Wiederholungszahl
Beinpresse	4 Wochen	Kraftausdauer	2-3	Ganzkörper-	1	2		20
45° Rückenstreckbank	4 Wochen	Kraftausdauer	2-3	Ganzkörper-	1	3		20
Beckenheben am Stütz	4 Wochen	Kraftausdauer	2-3	Ganzkörper-	1	3		20
Kurzhantelbankdrücken	4 Wochen	Kraftausdauer	2-3	Ganzkörper-	1	2		20
Reverse Butterfly	4 Wochen	Kraftausdauer	2-3	Ganzkörper-	1	2		20
Armbeugen am Kabelzug	4 Wochen	Kraftausdauer	2-3	Ganzkörper-	1	2		20
Rumpfbeugen an der Bauchmaschine	4 Wochen	Kraftausdauer	2-3	Ganzkörper-	1	3		20

Als Organisationsform wurde ein Ganzkörpertraining gewählt, da bei diesem alle Hauptmuskelgruppen innerhalb einer Trainingseinheit berücksichtigt werden. Demnach entstand auch die Übungsauswahl, um für jede Muskelgruppe mindestens eine geeignete Übung im Trainingsplan zu haben. Außerdem wurden sieben Übungen gewählt um den Trainingsumfang möglichst gering zu halten. Es wurde zudem noch auf die zeitlichen Verfügungsrahmen von nur 2-3 mal Training pro Woche der Person A Acht gegeben (vgl. Studienbrief „Trainingslehre1" Reiß&Fikenzer,2013, S.206) Die Beinpresse wurde als erste Übung ausgewählt, da sie die komplexeste ist und die intermuskuläre Koordination und auch die Konzentration des Trainierenden am meisten fordert. Es gibt sowohl Übungen an geführten Maschinen und mit freien Gewichten, als auch Übungen am Seilzug. Übungen am Seilzug haben einen hohen Alltagstransfer und ermöglichen mehrdimensionale Bewegungsmuster, was für Person A eine große Rolle spielt, vorallem im beruflichen Alltag.

Übungen an geführten Maschinen (Beinpresse, Rumpfbeugen an der Bauchmaschine) wurden ausgewählt um die Verletzungsgefahr anfänglich zu reduzieren. Imweiteren Verlauf kann man immer noch auf das Krafttraining mit freien Gewichten oder an Seilzügen umsteigen, sollte die Patellainstabilität von Person A keine Probleme bereiten.

Aufgabe 5)

Eine Studie, publiziert im September 2012, der University of Southern Denmark und der Harvard School of Public Health, befasst sich mit der Rolle von Krafttraining auf die Prävention von Diabetes mellitus Typ-2. Von einem Forschungsteam wurden Daten von 32.000 Männern ausgewertet die von 1990 bis 2008 an einer Langzeitstudie teilgenommen haben. Die Männer wurden in Abhängigkeit von ihrem wöchtenlich absolvierten Sportpensum in 3 Gruppen eingeteilt. Gruppe 1 umfasst die Studienteilnehmer mit einem Sportpensum von 60 Minuten pro Woche. Gruppe 2 alle Männer mit einem Sportpensum zwischen 60 und 149 Minuten pro Woche. Die dritte und letzte Gruppe besteht aus den Studienteilnehmern mit einem Sportpensum von mindestesn 150 Minuten pro Woche. Es wurde zwischen Ausdauer- und Krafttraining und einer Kombination aus beidem unterschieden. Ergebnisse der Studie zeigen auf, dass bei allen 3 Gruppen ein verringertes Risiko hatten an Diabetes mellitus Typ- 2 zu erkranken. Bei Gruppe 1 verringerte sich das Risiko um 12 , bei Gruppe 2 um 25% und bei Gruppe 3 sogar um 34%.

Grøntved, A. et al:

A Prospective Study of Weight Training and Risk of Type 2 Diabetes Mellitus in Men. In: Archives of International Medicine, publiziert online am 06. August, 2012. doi:10.1001

Zugriff am 10.04.2014 Verfügbar unter

http://www.diabetesinformationsdienst-muenchen.de/aktuelles/news/studien/studien/article/19753/index.html

Literaturverzeichnis

Reiß,M & Fikenzer, J. (2013): Studienbrief Trainingslehre 1

Deutsche Hochschule für Prävention und Gesundheitsmanagement ,Saarbrücken, 2013: v.a Kapitel 2 Trainingssteuerung, S.38

Reiß,M & Fikenzer, J. (2013): Studienbrief Trainingslehre 1

Deutsche Hochschule für Prävention und Gesundheitsmanagement, Saarbrücken, 2013: v.a Kapitel 3 Aufbau einer Trainingseinheit, S.49

Reiß,M & Fikenzer, J. (2013): Studienbrief Trainingslehre 1

Deutsche Hochschule für Prävention und Gesundheitsmanagement, Saarbrücken, 2013: v.a Kapitel 8 ausgewählte Verfahren der Krafttestung – Kraftdiagnostik, S.120

Reiß,M & Fikenzer, J. (2013): Studienbrief Trainingslehre 1

Deutsche Hochschule für Prävention und Gesundheitsmanagement, Saarbrücken, 2013: v.a Kapitel 8 Trainingsplanung im Krafttraining, S.156-171

Luppa, D (2013): Studienbrief Ernährung 1

Deutsche Hochschule für Prävention und Gesundheitsmanagement, Saarbrücken, 2013: v.a Kapitel 6 Gewichtsreduktion, S.226

Israel, S & Fikenzer, S. (2013): Studienbrief Medizinische Grundlagen

Deutsche Hochschule für Prävention und Gesundheitsmanagement, Saarbrücken, 2013: v.a Kapitel 6 Anatomie und Physiologie des Herzens, S.151

Israel, S & Fikenzer, S. (2013): Studienbrief Medizinische Grundlagen

Deutsche Hochschule für Prävention und Gesundheitsmanagement, Saarbrücken, 2013: v.a Kapitel 16 Arterielle Hypertonie, S.263

Grøntved, A. et al:

A Prospective Study of Weight Training and Risk of Type 2 Diabetes Mellitus in Men. In: Archives of International Medicine, publiziert online am 06. August, 2012. doi:10.1001

Tabellenverzeichnis

Tab.1: allgemeine Datensammlung der Person A (eigene Darstellung)

Tab.2: weitere biometrische Daten der Person A (eigene Darstellung)

Tab.3: Ergebnissdokumentation ILB-Test

Tab.4: Grobraster zur Trainingsplanung nach der ILB-Methode (vgl. Eifler, 2000; Strack &Eifler, 2005)

Tab.5: Zielsetzung der Person A

Tab.6 : Makrozyklus Planung Person A

Tab.7:Darstellung Mesozyklus 1

BEI GRIN MACHT SICH IHR WISSEN BEZAHLT

- Wir veröffentlichen Ihre Hausarbeit, Bachelor- und Masterarbeit

- Ihr eigenes eBook und Buch - weltweit in allen wichtigen Shops

- Verdienen Sie an jedem Verkauf

Jetzt bei www.GRIN.com hochladen und kostenlos publizieren